FACULTÉ DE DROIT D'AIX

THÈSE
POUR LA LICENCE

PRÉSENTÉE ET SOUTENUE

PAR ÉMILE-LOUIS BERNARD

De Toulon (Var)

Il est plus important de donner aux
hommes des mœurs et des habitudes que
des lois et des tribunaux.   MIRABEAU.

TOULON

TYPOGRAPHIE LAURENT, RUE NATIONALE, 49.

1871

FACULTÉ DE DROIT D'AIX

THÈSE

POUR LA LICENCE

PRÉSENTÉE ET SOUTENUE LE   1871

PAR ÉMILE-LOUIS BERNARD

De Toulon (Var)

> Il est plus important de donner aux
> hommes des mœurs et des habitudes que
> des lois et des tribunaux.   MIRABEAU.

TOULON

TYPOGRAPHIE LAURENT, RUE NATIONALE, 49.

—

1871

A LA MÉMOIRE DE MA MÈRE

————

A MON PÈRE

——

A ma Sœur et à mon Jeune Frère

————

MEIS ET AMICIS

————

A MA BIEN — AIMÉE COUSINE

ROSE - CLÉMENCE BERNARD

———

SOMMAIRE

JUS ROMANUM

COMMODATI VEL CONTRA

(Dig., lib. XIII-VI.)

Commodatum est contractus quo res gratis utenda datur ad tempus, finem, modum ve certum; eâ lege, ut eadem ipsa reddatur.

Commodati contractus a mutuo longè distat.

In mutuo enim, rei datæ dominium mutuans acquirit, commodatarius non dominium sed possessionem et detentionem habet; prior non ipsam rem sed similem, alter eamdem ipsam restituere debet.

Quæ essentialia commodati; — quæ res in hunc contractum deduci possint; — inter quas personas, primâ parte videnda sunt; alterâ, de actionibus quæ ex illo descendunt.

PRIMA PARS.

Quæ essentialia commodati?

Essentialia sunt : 1° res ; 2° traditio ; 3° gratuitas ; 4° finis.

Sine re enim, sine hujus rei traditio, nullum existere potest commodatum : Dein, res gratis commodanda : Commodata res propriè intellegitur si, nullâ mercede acceptâ vel constitutâ, res utenda data est. Alioquin, mercede aliquâ interveniente, pro commodato locatio-conductio esset. Denique, commodatarium uti usque ad prædictum tempus et ad eum usum ad quem res est commodata oportet.

Quæ res in hunc contractum deduci possint?

Res mobiles solummodo.

Res quæ usu consumuntur, ut vinum, fruges, nisi fortè ad pompam vel ostentationem quis accipiat, non commodari possunt : Sæpè etiam commodantur pecuniæ, ut numerationis loco ostendantur.

Inter quas personas commodatum contrahi possit, necne?

Illi commodare qui obligari possunt.

Idcirco impuberes et furiosi commodati actione non tenentur. Sed locupletiores si pupilli facti sunt, utilis dabitur actio ; item adversùs furiosos, ut res exhibita vindicetur.

In commodato sola traditio interest.

Non enim commodando rem faciamus ejus cui commodamus : tantummodo oportet ut qui rem accipit, câ re ad certum usum uti possit ; propterea quod aliena quæ possidemus commodari possunt : « Ita ut, etsi fur vel prædo commodaverit, habeat commodati actionem. »

SECUNDA PARS.

DE ACTIONIBUS QUÆ EX COMMODATI CONTRACTU DESCENDUNT.

§ 1. — *De actione commodati directa.*

Actio commodati directa est quæ competit ad restitutionem rei commodatæ.

Hanc actionem adversùs heredes commodatarii, ad res commodatas, quæ sunt in successione restituendas, exercere possumus.

Qod si, eadem res ab eodem pluribus commodata fuerit, singuli actione in solidum tenentur.

Si culpa commodatarii intervenit, ille tenetur ; quare, rei commodatæ diligentiam et custodiam præstare debet commodatarius qualemquisque diligentissimus paterfamiliàs suis rebus adhibet ; non solum dolo aut culpâ latâ quœ dolo œquiparatur, sed etiam culpâ levi tenetur.

Securus est ille qui rem utendam accepit, si res ista quolibet fortuito casu perierit, veluti naufragio, incendio, ruinâ, vel majori vi, veluti latronum incursu, et in majoribus casibus, quum humana infirmitas non resistere potest.

Attamen actione tenetur, si suam potiusquam rem commodatam è ruinis, aut incendio, aut naufragio detraxit ; si illius imbecillitate res commodatæ subreptœ fuerunt.

Non deteriorem, nisi ex fatali damno, vel ex ipso usu ad quem commodata est, deterior facta sit, rem debet reddere commodatarius : nihil præstat enim si in eam rem usus est in quam accepit.

Denique, si res ab alio citrà ipsius culpam deterior facta sit , qui rem commodatam accepit non tenetur.

§ 2. — *De actione commodati contraria.*

Contraria commodati actio commodatario adversùs commodatorem competit.

Commodator erga commodatarium hac actione tenetur :

1° Ante finem prœscriptum rem commodatam repetere ;

2° Impendia solvere quœ ad rem salvandam fecerit ;

3° Damnum sarcire quod ex vitio rei commodatœ venit, quod commoda-tor, quum sciret, non prœdixit : « Qui sciens, vasa vitiosa commodavit, si ibi infusum vinum vel oleum corruptum effusumve est, condemnandus eo nomine est. »

4° Rem commodatario reddere, vel rei pretium solvere, si, accepto pretio, res perdita vel subrepta in potestate suâ venit.

CODE NAPOLÉON

PREMIÈRE PARTIE.

DES EFFETS DU PARTAGE.

Le partage se définit : *Un acte qui fait cesser l'indivision en faisant connaitre les biens à l'égard desquels chaque héritier est censé avoir succédé seul au défunt.*

D'après cette définition, nous voyons que le partage est, non plus comme en droit romain, *translatif*, mais *déclaratif* de propriété.

En droit romain, en effet, le partage est un véritable échange. — Chacun des héritiers transfère, *aliène*, à ses cohéritiers les droits de propriété qu'il avait sur les objets compris dans leurs lots, et reçoit, *acquiert*, de chacun d'eux les droits de propriété qu'ils avaient sur les biens qui lui sont attribués.

Il y a donc *aliénation* et *acquisition* réciproques, faits constitutifs de l'échange.

En droit français, le partage est bien en réalité un échange ; mais la loi a ajouté cette fiction que chaque cohéritier est censé avoir succédé seul et immédiatement, — d'après la règle : le mort saisit le vif, — à tous les objets compris dans son lot. Par cette fiction, le partage devient non plus *translatif*, mais *déclaratif*, déterminatif de propriété ; car il détermine d'une manière précise sur quels objets l'héritier est censé avoir, depuis la mort du défunt, une propriété pleine et entière.

Le but de la loi a été d'assurer la tranquillité des familles, en prévenant les nombreux procès qui naissent des recours d'héritier à héritier.

La conséquence la plus importante de cette fiction de la loi est celle-ci :

Les hypothèques et autres droits constitués par les copartageants pendant l'indivision sont nuls et de nul effet, sauf pourtant le cas où ces droits auraient été constitués par le copartageant sur les biens formant le lot qui lui restera après le partage.

Le motif de cette conséquence c'est que tous ces droits ont été constitués *a non domino* et n'ont par conséquent aucune valeur.

D'où il suit que l'on ne peut point savoir *a priori* si les charges qui grèvent une propriété sont ou non valables ; il faudra pour cela attendre le partage définitif.

Tout ce que nous venons de dire relativement aux objets que le partage attribue à l'un des héritiers, s'applique également à ceux qui lui sont échus par *licitation*.

Mais dans le cas où un tiers s'est porté adjudicataire, qu'arrivera-t-il ? Les charges réelles constituées pendant l'indivision seront-elles nulles et de nul effet, ou bien devront-elles être respectées par l'adjudicataire jusqu'à concurrence de la fraction qu'avait dans l'immeuble licité l'héritier qui les a constituées.

Sur cette question les auteurs sont partagés.

D'après les uns, la licitation n'étant qu'une vente consentie par la masse des héritiers à l'adjudicataire, les principes de la vente doivent recevoir leur application ordinaire : l'immeuble doit être accepté avec toutes les charges dont il est grevé.

Les autres, se fondant sur l'esprit de la loi, considèrent, il est vrai, la licitation comme une vente, mais une vente consentie par les héritiers dans le seul but de faciliter la cessation de l'indivision, de préparer et de faciliter le partage.

Ils attribuent donc à cette vente tous les cacactères et les effets d'une opération de partage.

IIe PARTIE.

DE LA GARANTIE DES LOTS.

Aux termes de l'article 831, l'égalité doit présider au partage des lots. De là naît, pour les copartageants, l'obligation de rétablir cette égalité, lorsqu'elle n'existe plus réellement, en indemnisant l'héritier qui, par un événement imprévu et indépendant de sa volonté, se trouve évincé d'un ou de plusieurs objets composant son lot. C'est ce que l'on entend par obligation de garantie entre héritiers.

Mais c'est là la règle générale et la loi y a ajouté les exceptions suivantes :

1° Les copartageants ne sont responsables que des troubles ou évictions provenant d'une cause antérieure au partage.

2° Les copartageants ne sont point tenus à garantie lorsque l'éviction a été prévue par une clause particulière et expresse de l'acte.

Une clause générale par laquelle les cohéritiers s'affranchiraient de toute garantie ne serait pas admise ; cela donnerait lieu aux plus funestes abus.

3° Il n'y a pas lieu à garantie lorsque la cause de l'éviction était apparente au moment du partage et parfaitement prévue.

4° Enfin, les cohéritiers ne sont tenus à aucune garantie lorsque les troubles ou évictions ont pour cause la négligence de l'héritier évincé.

§ I. — *Action en garantie.*

L'action en garantie peut s'exercer de deux manières :
1° Par une demande incidente ;
2° Par une demande principale.

Par une demande incidente, l'héritier appelle en cause tous les cohéritiers afin qu'ils l'aident à triompher en repoussant les prétentions du demandeur et qu'ils l'indemnisent en cas d'éviction. — Par le même jugement, le tribunal statue sur la demande en revendication et fixe le montant de l'indemnité que doivent payer les cohéritiers à l'héritier évincé.

Par une demande principale, l'héritier soutient seul la cause. S'il vient à perdre son procès, il forme contre ses cohéritiers une demande en garantie.

§ II. — *Règlement de l'indemnité.*

En cas d'éviction doit-on refaire le partage ?

C'est au premier abord ce qui paraît être le plus naturel pour rétablir l'équilibre troublé par l'éviction. Cependant, il n'en est pas ainsi, car, ce serait léser les tiers qui auraient acquis des droits sur les biens appartenant aux cohéritiers. La loi a donc décidé que l'indemnité serait purement pécuniaire et proportionnée à la valeur des biens compris dans le lot de chaque héritier.

Mais de quelle manière sera calculée l'indemnité ? Se basera-t-on sur la valeur qu'avait l'objet au moment du partage, ou bien, sur celle qu'il avait au moment de l'éviction ? L'article 885 ne laisse aucun doute à cet égard : L'indemnité sera réglée d'après la valeur que l'éviction enlève à l'héritier qui la subit ; et avec raison.

§ III. — *De l'obligation de garantie appliquée aux créances et aux rentes.*

Dans le cas où l'un des héritiers est évincé d'une créance qui avait été mise dans son lot, peut-il valablement exercer contre ses cohéritiers l'action en garantie.

Trois hypothèses se présentent :

1° *La créance qui a été mise dans le lot de l'héritier évincé n'existe qu'en apparence; elle est nulle ou éteinte.* — Aux termes de l'article 1693 les cohéritiers en sont garants ;

2° *La créance existe réellement, mais le débiteur était insolvable au moment du partage.* — En principe on ne garantit l'existence d'une créance qu'au moment de la cession; mais on ne répond point de la solvabilité actuelle ou future du débiteur. — Cependant, en matière de partage, le principe n'est plus applicable. Les copartageants sont dans ce cas tenus à garantie ;

3° *La créance existe réellement; mais le débiteur est devenu insolvable.* — Toute action en garantie est refusée à l'héritier évincé.

Les règles que nous avons appliquées aux créances sont également applicables aux rentes.

§ IV.— *Durée de l'action en garantie.*

L'action en garantie se prescrit par trente ans à partir du jour de l'éviction.

En matière de rente, cependant, l'action en garantie se prescrit par cinq ans, à partir du jour du partage.

IIIᵉ PARTIE.

DE LA RESCISION EN MATIÈRE DE PARTAGE.

———

Les causes de rescision en matière de partage indiquées par la loi sont au nombre de trois :

1° La violence ;

2° Le dol ;

3° La lésion du plus du quart.

Les règles relatives au dol et à la violence sont, en cette matière, régies par le droit commun. (Art. 1111-1117.)

Quant à l'erreur, elle a été expressément omise par le législateur, parce que, quel que soit l'objet sur lequel elle porte, l'héritier qui en est victime a toujours une voie pour arriver à la réparation du préjudice qui lui est causé.

Il ne nous reste donc qu'à examiner la dernière cause de rescision, la lésion du plus du quart.

Il y a *lésion du plus du quart*, lorsque l'un des héritiers n'a pas reçu les trois quarts du lot qu'il aurait eu si l'égalité eût été rigoureusement observée.

Il n'y aurait, par conséquent, pas lieu à rescision, si l'un des héritiers avait un quart de plus que ce à quoi il a droit, et si les autres cohéritiers n'étaient pas lésés de plus du quart.

L'action en rescision sera admise, soit que le partage ait eu lieu à l'amiable, soit qu'il ait eu lieu en justice.

Quant à l'héritier lésé, il a deux actions à son choix : 1° l'action en garantie, dont nous avons déjà parlé ; 2° l'action en rescision. Il choisira la plus favorable à ses intérêts.

Mais que décider si le partage a été déguisé sous l'apparence ou d'un échange, ou d'une transaction, ou d'une vente ; sera-t-il rescindable pour cause de lésion ? La loi est formelle : tout acte, — quelque nom qu'il prenne, — qui a pour but de faire cesser l'indivision est un partage, et, comme tel, rescindable pour cause de lésion.

Cependant, la loi autorise les cohéritiers à terminer par une transaction les difficultés qui naissent après le partage, mais lorsque ces difficultés sont *réelles* et *sérieuses*.

Effets et durée de l'action en rescision.

—

L'action en rescision a pour effet de faire procéder à un nouveau partage qui rétablira l'égalité entre les cohéritiers.

Tous les héritiers seront donc tenus au rapport ; que les biens soient aliénés ou grevés d'hypothèques et de servitudes, peu importe ; tous les droits constitués sur ces biens tombent avec ceux du propriétaire ; et, ils seront irrévocablement résolus, si, par l'effet du nouveau partage, ils ne tombent plus dans le lot de celui qui les a aliénés ou hypothéqués. — De là de nombreux procès que l'on pourra très-bien éviter en indemnisant l'héritier lésé, soit en argent, soit en supplément de biens.

Les partages rescindables pour cause de dol, de violence et de lésion du plus du quart, ne sont pas radicalement nuls. — Ils peuvent être ratifiés par l'héritier lésé.

L'action en rescision se prescrit par dix ans, à compter du jour du partage pour la lésion du plus du quart, et, à compter du jour de la cessation de la violence ou de la découverte du dol, dans ces deux derniers cas.

PROCÉDURE CIVILE

DES VOIES DE RECOURS

De toutes les voies de recours contre les jugements émanés des tribunaux ordinaires, deux seulement sont applicables aux sentences arbitrales ; ce sont : l'*appel* et la *requête civile*.

Une troisième voie de recours est créée par l'article 1028 et s'appelle : *Opposition à l'ordonnance d'exécution*.

Nous allons successivement examiner ces diverses voies de recours.

§ 1. — *De l'appel contre les jugements arbitraux.*

L'appel est recevable contre tout jugement arbitral ; il est de droit commun.

Cependant l'appel n'est pas ouvert aux parties :

1° Lorsqu'elles y ont renoncé lors ou depuis le compromis ;

2° Lorsque le jugement est intervenu, soit en cause d'appel, soit sur requête civile.

Devant quel tribunal l'appel de la sentence arbitrale doit-il être porté ?

Ce sera devant le tribunal de première instance pour les affaires qui, soit en premier soit en dernier ressort, eussent été de la compétence des tribunaux de paix.

Ce sera la Cour d'appel pour les affaires qui, soit en premier soit en dernier ressort, eussent été de la compétence des tribunaux de première instance.

La loi n'indique pas la procédure à suivre pour interjeter appel contre les sentences arbitrales ; il faut en conclure que la procédure ordinaire sera applicable.

Enfin aux termes de l'article 1024, les règles sur l'exécution provisoire des jugements des tribunaux sont applicables aux jugements arbitraux.

Par conséquent, d'après la règle générale, l'appel conservera son caractère suspensif et dévolutif.

Toutefois l'appel ne sera que dévolutif si le jugement arbitral a été déclaré exécutoire par provision pour une des causes énumérées dans l'article 135 du Code de procédure.

§ 2. — *De la requête civile contre les jugements arbitraux.*

La seconde voie de recours contre les jugements arbitraux est la requête civile.

Cette voie de recours n'est admise que dans le cas où l'appel ne l'a pas été ; en d'autres termes, elle n'est recevable que contre les jugements arbitraux en dernier ressort.

Quand aux formes et aux délais, ce sont ceux qui ont été prescrits pour la requête civile en matière ordinaire (480 et Sq).

Les seules différences notables sont les suivantes :

1° La requête civile en matière d'arbitrage ne doit pas être portée devant le même tribunal, mais devant le tribunal qui eut été compétent pour connaitre de l'appel ;

2° Par dérogation aux prescriptions de l'article 480, on ne peut proposer pour ouvertures de requête civile :

Ni l'inobservation des formes ordinaires, si les parties n'en étaient autrement convenues ;

Ni le moyen résultant de ce qu'il aura été prononcé sur choses non demandées, sauf à se pourvoir en nullité suivant l'article 1028.

Dans ces deux cas, il y a un moyen d'attaquer le jugement arbitral, et c'est cette voie de recours spéciale aux jugements arbitraux que nous allons traiter et qu'on nomme opposition à l'ordonnance d'exécution.

§ 3. — De l'opposition à l'ordonnance d'exécution.

L'opposition à l'ordonnance d'exécution est, comme nous l'avons dit, une voie de recours spéciale aux jugements des arbitres.

Elle tend à dénier à l'acte rédigé par ces derniers son caractère de sentence, à la différence des autres voies de recours qui supposent au contraire l'existence légale de l'acte considéré comme jugement.

On se pourvoit par cette troisième voie de recours devant le tribunal dont le président a rendu l'ordonnance d'*exequatur*.

La loi énumère limitativement les cas dans lesquels on pourra recourir à l'opposition. Ces cas sont les suivants :

1° Si le jugement a été rendu sans compromis ou hors des termes du compromis ;

2° S'il l'a été sur compromis nul ou expiré ;

3° S'il n'a été rendu que par quelques arbitres, non autorisés à juger en l'absence des autres ;

4° S'il l'a été par un tiers sans en avoir conféré avec les arbitres partagés ;

5° S'il a été prononcé sur choses non demandées.

Quand il y a lieu à demander la nullité de l'acte par la voie de l'opposition à l'ordonnance d'exécution, les parties ne doivent pas recourir à l'appel ou à la requête civile, en agissant ainsi elles se fermeraient elles-mêmes cette voie de recours spéciale, car ce serait reconnaître l'autorité légale de la décision des arbitres.

Quant au délai pendant lequel l'opposition est recevable, le législateur ne le fixe pas ; il faut donc s'en référer au droit commun, c'est-à-dire, que l'opposition à l'ordonnance d'exécution sera recevable tant que le jugement arbitral ne sera pas réputé exécuté.

Avant de terminer l'étude des trois voies de recours dont sont susceptibles les jugements arbitraux, il est important de remarquer que les autres voies de recours ne sont pas admises contre ces mêmes jugements.

L'*opposition au jugement par défaut* n'est pas admise, aux termes de l'article 1016 : Un jugement arbitral ne sera, dans aucun cas, sujet à opposition.

La *tierce-opposition* n'est pas recevable puisque les jugements arbitraux ne peuvent être opposés à des tiers (1022).

Enfin, quant au *recours en cassation*, il ne peut avoir lieu que contre les jugements des tribunaux rendus soit sur requête civile, soit sur appel d'un jugemment arbitral (1028 dernier alinéa).

DROIT COMMERCIAL

DE L'ENDOSSEMENT

L'endossement est l'acte par lequel le preneur d'une lettre de change en transfère la propriété à une personne dénommée, en demeurant garant du paiement à l'échéance, ou donne mandat à cette personne d'en poursuivre l'exécution.

L'acte est appelé endossement parce qu'il est écrit au verso, au dos de la lettre. Il ne peut pas être fait par acte séparé.

L'endossement produit deux effets bien distincts, comme l'indique clairement la définition : tantôt il transfère la propriété de la lettre de change, tantôt il donne mandat d'en poursuivre l'exécution.

Le premier de ces effets est désigné sous le nom d'*endossement régulier* ; le second d'*endossement irrégulier*.

1º ENDOSSEMENT RÉGULIER.

L'endossement régulier est celui qui transfère la propriété de la lettre de change. Il doit pour produire cet effet satisfaire aux conditions exigées par la loi.

L'endossement, pour être régulier doit énoncer :

1º *La date* c'est-à-dire le jour, le mois et l'année où il est souscrit. La désignation du lieu n'est pas de rigueur ;

2º *Le nom du cessionnaire* à l'ordre duquel la lettre de change est passée ;

3º *La clause à ordre ;*

4º *La clause de l'endossement,* c'est-à-dire exprimer formellement si la valeur a été fournie, et si cette valeur est de l'argent, de la marchandise, etc.

5º *La signature de l'endosseur.*

Ces énonciations peuvent ne pas être écrites de la main de l'endosseur ; le bon et approuvé ne sont même pas nécessaires ; la signature de l'endosseur suffit.

Contrairement à la lettre de change, l'endossement peut être souscrit dans le lieu même où la lettre est payable.

Dans le cas où l'endossement serait souscrit après l'échéance de la lettre, serait-il valable ? La question est controversée. — Cependant la jurisprudence décide que l'endossement peut être souscrit après l'échéance de la lettre, et qu'alors, il a pour effet de transmettre au cessionnaire tous les droits que possède l'endosseur, soit contre ses garants, soit contre le tireur qui n'a pas fait la provision.

Effets de l'endossement régulier.

L'endossement est un contrat *sui generis* qui en renferme plusieurs autres, savoir : 1º une vente ; 2º une cession de droits ; 3º un cautionnement.

L'endossement a donc pour effet :

1º De transférer la propriété de la lettre de change et de faire passer sur la personne du cessionnaire tous les droits de l'endosseur. — Ce sont les effets produits par la vente et la cession de droits ;

2º De garantir le paiement de la lettre. C'est là l'effet du cautionnement.

Quant à la cession de droits, il est important de remarquer qu'elle diffère en plusieurs points de la cession de créance, telle qu'elle est régie par le Code Napoléon.

2º ENDOSSEMENT IRRÉGULIER.

Aux termes de l'art. 138, si l'endossement ne satisfait point aux conditions requises pour constituer l'endossement régulier, il n'opère pas transport de propriété, il ne vaut que comme simple procuration. Il est alors irrégulier.

La conséquence de cette disposition de la loi est que le porteur d'un endos irrégulier n'est qu'un simple mandataire, pouvant, il est vrai, recevoir le paiement, donner quittance, et, en cas de non paiement faire dresser protêt. — Mais il n'a pas sur la lettre de change une propriété pleine, entière et définitive.

C'est pourquoi :

1º Les créanciers de l'endosseur qui est resté propriétaire peuvent saisir-arrêter la somme portée dans la lettre de change entre les mains de celui sur qui elle est tirée, sans que le porteur de l'endossement irrégulier puisse s'y opposer ;

2º Si celui sur qui la lettre est tirée est créancier de l'endosseur, il peut opposer au porteur de l'endossement la compensation de ce qui lui est dû par l'endosseur ;

3º L'endosseur, qui n'est considéré que comme un mandant, peut avant que le porteur de l'endossement ait touché le montant de la lettre de change, révoquer le mandat et l'empêcher de recevoir ;

4' Si le porteur de l'endossement a touché, il est obligé, comme tout mandataire, de rendre compte à l'endosseur.

Tels sont les effets de l'endossement irrégulier.

Mais comment résoudre la question suivante :

Le porteur d'un endossement irrégulier peut-il consentir un endossement régulier et translatif de propriété ?

Les auteurs sont partagés. — D'après Savary le porteur de l'endossement irrégulier n'est qu'un mandataire pour recevoir le paiement, et par conséquent ne peut point transférer, aliéner une chose qui n'est pas sa propriété personnelle.

Cependant la doctrine moderne et la jurisprudence sont d'un avis contraire et décident que le porteur de l'endossement irrégulier peut valablement transmettre la lettre par un endossement régulier ; mais non pas en vertu d'un droit de propriété, — puisqu'il n'en a point, — mais bien comme fondé de pouvoirs du véritable propriétaire, auquel il sera tenu de rendre compte.

Outre l'endossement irrégulier proprement dit, dont nous venons de parler, il en existe un autre établi par l'article 91 du Code civil, c'est l'*endossement à titre de gage*.

Cet endossement, quoique régulier quant à la forme, n'en est pas moins irrégulier quant au fond, puisqu'il ne transfère pas la propriété ; il indique seulement que la valeur portée sur la lettre de change est remise en garantie, à titre de gage seulement.

Enfin l'*endossement en blanc* qui consiste dans la simple signature de l'endosseur apposée au dos du titre. Cet endossement peut devenir régulier par l'inscription au-dessus de la signature des énonciations que nous avons indiquées au titre de l'endossement régulier.

DROIT ADMINISTRATIF

DES ATTRIBUTIONS DE LA COUR DES COMPTES

La Cour des comptes est un haut tribunal administratif appelé à vérifier et à juger tous les comptes financiers.

Autrefois, les attributions de la Cour des comptes étaient beaucoup plus étendues qu'elles ne le sont aujourd'hui. Outre les finances, les domaines, la Chambre des comptes avait dans ses attributions spéciales les lettres de légitimation, de noblesse, de naturalité, etc., mais une de ses plus grandes prérogatives était un droit de juridiction criminelle qu'elle avait sur tous les comptables, juridiction qui était presque illimitée.

De nos jours, tout en étant très-importantes, les attributions de la Cour des comptes sont beaucoup plus restreintes. Ces attributions, limitées et déterminées par le décret du 31 mai 1862, consistent à *vérifier* et à *juger* les comptes des recettes et des dépenses publiques et à éclairer les grands corps de l'Etat sur le maniement des deniers appartenant au trésor. Mais à la différence de l'ancienne Chambre, la Cour des comptes n'a aucun droit de juridiction criminelle. En cas de faux ou de concussions, elle n'est pas juge de la personne des comptables ; elle ne peut que les signaler au Ministre des finances qui fait poursuivre les auteurs devant les tribunaux judiciaires.

Les attributions de la Cour des comptes sont de deux sortes :
1° Attributions de juridiction;
2° Attributions de contrôle.

PREMIÈRE SECTION.

ATTRIBUTIONS DE JURIDICTION.

———

Les personnes sur lesquelles la Cour des comptes possède un droit de juridiction sont les *comptables en deniers*, c'est-à-dire, les agents chargés du maniement des deniers appartenant à l'Etat. — Quant aux ordonnateurs, ils ne sont, en vertu de l'article 18 de la loi du 16 septembre 1807, que soumis au contrôle de la Cour.

Cette juridiction sur les comptables peut s'exercer en *premier* et *dernier ressort ou en dernier ressort seulement.*

Sont justiciables de la Cour des comptes en premier et dernier ressort :
Les receveurs généraux des finances, les payeurs des trésors publics, les receveurs de l'enregistrement, du timbre, des domaines, des douanes, des contributions indirectes, le directeur des postes, des monnaies, le directeur comptable des caisses centrales du trésor, l'agent comptable des virements de compte, l'agent comptable du grand-livre, celui des pensions, l'agent comptable des transferts et mutations à Paris et dans les départements, le caissier de la caisse d'amortissement, de celle des dépôts et consignations, de l'imprimerie nationale, l'agent comptable des chancelleries consulaires, le trésorier général des invalides de la marine, les économes des lycées nationaux, le caissier de la caisse des travaux de Paris, les receveurs des communes, hospices et établissements de bienfaisance dont le revenu excède 30,000 francs.

La Cour des comptes statue en dernier ressort seulement sur les appels formés contre les arrêts des conseils de préfecture par les receveurs des communes, hospices et établissements de bienfaisance dont le revenu ne dépasse pas 30,000 francs, les associations syndicales et les économes des écoles normales primaires.

La procédure à suivre pour saisir la Cour des comptes en appel est déterminée par le décret du 31 mai 1862.

Les comptables adressent dans les délais prescrits tous leurs comptes au greffe de la Cour. — En cas de défaut ou de retard, la Cour peut prononcer contre eux les amendes et peines édictées par les lois et règlements.

La répartition des comptes est faite par le Président.

La vérification de ces comptes présente deux degrés successifs d'examen :

1° Vérification confiée à un ou plusieurs référendaires ;

2° Contrôle de cette vérification dont est chargé un conseiller-maître.

Ces divers examens terminés, la Cour prononce ses arrêts par lesquels elle établit si les comptables sont *quittes*, en *avance* ou en *débet*.

Les arrêts de la Cour des comptes ne sont pas toujours définitifs.

On peut se pourvoir contre ses arrêts, en *cassation*, devant le Conseil d'Etat, pour excès de pouvoir, incompétence, violation des formes ou de la loi ;

En révision, devant la Chambre qui en a déjà connu, à la suite soit d'erreurs involontaires, soit de pièces justificatives recouvrées et susceptibles de modifier l'arrêt.

IIᵉ SECTION.

ATTRIBUTIONS DE CONTROLE.

Le contrôle de la Cour des comptes s'exerce :

1° Sur les ordonnateurs chargés de faire emploi des crédits ;

2° Sur les comptables en matières.

§ 1. — *Contrôle sur les ordonnateurs.*

Le contrôle sur les ordonnateurs aboutit à *deux déclarations générales de conformité* et à un *rapport adressé au chef du pouvoir central.*

Déclarations générales de conformité.

On entend par *déclarations générales de conformité* les déclarations faites par la Cour attestant l'accord des comptes d'année avec les résumés généraux et avec les arrêts prononcés sur les comptes individuels des comptables, ainsi que l'accord du compte d'exercice avec les mêmes termes de comparaison.

Toutes ces déclarations sont délivrées, chaque année, en audience solennelle et publique. Elles sont, après que le procureur général a été entendu en ses conclusions, prononcées par le premier président, imprimées et adressées à l'Assemblée nationale, avant le premier septembre de l'année qui suit la clôture de l'exercice expiré.

Rapport annuel au chef du Pouvoir central.

La Cour des Comptes adresse toutes les années au chef du pouvoir central un rapport dans lequel sont indiqués les travaux de la Cour des comptes, les réformes et améliorations qui ont paru nécessaires à la Cour dans les différentes parties de la comptabilité.

Ce rapport contient en outre des observations résultant de la comparaison de la nature des recettes avec les lois, et de la nature des dépenses avec les crédits ouverts. Ce rapport est discuté, délibéré et arrêté en Chambre du conseil.

§ II. — *Contrôle sur les comptables en matières.*

Les *comptables en matières* sont ceux qui ont la garde des matières de consommation ou de transformation. Ils sont soumis au contrôle de la Cour des comptes depuis le 1er janvier 1845, en vertu du décret du 6 juin 1843.

Aux termes de la loi, chaque ministre adresse à la Cour des comptes, les pièces justificatives à l'appui, les comptes individuels des comptables en matières de son département, ainsi qu'un résumé général par branche de service. La Cour statue, non par arrêt, comme sur les comptes de deniers, mais par voie de *déclaration*, dont une expédition est adressée au Ministre, qui, à son tour, en donne communication au comptable.

Chaque année, la Cour des comptes prononce, en audience solennelle, une *déclaration générale*, établissant la concordance des résultats des comptes individuels des comptables en matières avec les résultats des comptes généraux publiés par les ministres.

La Cour insère dans le rapport adressé au chef du pouvoir central les observations qu'elle croit devoir émettre, tant sur les comptes individuels et généraux, que sur les améliorations et réformes à apporter dans la comptabilité des matières.

En résumé, la Cour des comptes est loin d'avoir les mêmes attributions et les mêmes pouvoirs que les anciennes Chambres ; mais, elle n'en a pas moins une très-grande importance par le rôle qu'elle joue dans nos institutions politiques, soit par l'examen minutieux des comptes ministériels, soit par les déclarations solennelles de conformité, soit enfin par la grande publicité donnée à tous ses travaux par son rapport annuel adressé au chef du pouvoir central.

VU PAR NOUS,
Professeur-Doyen Président de la thèse,
Chevalier de la Légion d'honneur,
L. GABANTOUS.

VU ET PERMIS D'IMPRIMER :
Le Recteur de l'Académie d'Aix,
Officier de la Légion d'honneur,
J. VIEILLE.